Avec les prix d'adjud.

VENTE des 21 et 22 DÉCEMBRE 1894

HOTEL DROUOT, SALLE N° 10

ESTAMPES

DES

ÉCOLES FRANÇAISE ET ANGLAISE

DU XVIIIe SIÈCLE

1894

Me MAURICE DELESTRE
Commissaire-priseur
27, RUE DROUOT, 27

M. JULES BOUILLON
Marchand d'estampes de la Biblioth. nationale
3, RUE DES SAINTS-PÈRES, 3

I 18

CATALOGUE

D'UNE JOLIE COLLECTION

D'ESTAMPES

DES

ÉCOLES FRANÇAISE ET ANGLAISE

DU XVIIIe SIÈCLE

EN NOIR ET EN COULEUR

DONT LA VENTE AUX ENCHÈRES PUBLIQUES AURA LIEU

HOTEL DES COMMISSAIRES-PRISEURS, RUE DROUOT, 9

SALLE N° 10

Les Vendredi 21 et Samedi 22 Décembre 1894

A deux heures précises.

Par le ministère de Me **MAURICE DELESTRE**, Commissaire-Priseur,
Rue Drouot, 27.

Assisté de **M. JULES BOUILLON**, marchand d'estampes de la Bibliothèque nationale, rue des Saints-Pères, 3.

PARIS, 1894

CONDITIONS DE LA VENTE

Elle sera faite au comptant.

Les acquéreurs payeront *cinq pour cent* en sus des enchères, applicables aux frais.

M. Bouillon, chargé de la vente, se réserve la faculté de réunir ou de diviser les lots.

ORDRE DES VACATIONS

Vendredi 22 décembre	....	Nos 1 à 180
Samedi 23 —	....	181 à la fin.

DÉSIGNATION

ESTAMPES

ADRESSES

1 — **Anonymes**. Declaron, marchand de papier, rue St-Antoine, à Paris. — Affiche pour vente de deux maisons à Paris, en 1784. Deux pièces.

2 — A la bonne foi, rue Dauphine, à Versailles. Delermoy. Marchand papetier ordinaire des enfants de France. — *Macret*, graveur. — Frontiscipe de dédicace aux armes du marquis de Marigny. Gravé par Choffard. Trois pièces.

3 — Etiquettes de pharmacien. — Encadrement pour cartes de visite. Deux pièces.

Très belles épreuves.

4 — **Arrivet**. Son adresse. Joli encadrement aux armes de France.

Deux rares épreuves avant la lettre.

5 — **Huquier**. Bal de messieurs les Ambassadeurs d'Espagne, à l'hôtel de Bouillon, le samedi 2 de janvier 1730, à deux heures après minuit.

Très belle épreuve. Rare.

6 — **Pineau** (d'après). Carte d'invitation d'un membre de l'Académie de Saint-Luc, gravé par Babel.

Belle épreuve.

7 — **Saint-Aubin** (d'après Aug. de). A la Victoire. Cousineau, Luthier, gravé par N. Pruneau. — La même composition, par un graveur anonyme. Deux pièces.

Belles épreuves.

ALIX (P.-M.)

8 — *Dubus-Préville* (P. L.). In-fol. en couleur.

Très belle épreuve.

9 — *Molière* (J.-B. Poquelin de), d'après Mignard. In-fol. en couleur.

Très belle épreuve.

10 — *Viala* (Joseph Agricol), d'après J. F. Sablet. In-4 en couleur.

Très belle épreuve.

ANONYMES

11 — Scène du 3me acte du Mariage de Figaro. In-4 en largeur.

Belle épreuve. Rare.

12 — *La Motte* (Jeanne de Saint-Remi de Valois, comtesse de) — *Olisva* (Mlle le Guet d'Esigny d'). Deux portraits in-8 en couleur.

Très belles épreuves, marges.

13 — *Leczinska* (Marie). Reine de France. In-8.

Belle épreuve.

14 — Portrait de femme, en buste dans un médaillon avec nœud de rubans en haut. In-4.

Très belle épreuve.

AUBERT

15 — *Duchénois* (Mlle), d'après Hollier. In-fol.

Belle épreuve.

AUBRY (d'après Ét.)

16 — Les Adieux de la nourrice, par N. Delaunay.

Superbe épreuve avant la dédicace, marge.

AVED (d'après)

17 — La sœur de Mme Aved, tenant un rouet sur ses genoux, gravé par Balechou. In-fol.

Très belle épreuve, marge.

AVED (d'après)

18 — *Dufresne* (Catherine de Seine, Mme), gravé par Lépicié. In-fol.

Très belle épreuve, grande marge.

BALECHOU (J.-J.)

19 — Sainte Geneviève, d'après Van Loo.

Superbe épreuve avant toute lettre.

BARTOLOZZI (F.)

20 — Sainte Cécile, d'après Benjamin West. In-8.

Très belle épreuve imprimée en sanguine.

21 — La Sculpture, d'après G. B. Cipriani, en couleur.

Très belle épreuve avant la lettre.

22 — Apothéose du Prince de Galles, d'après W. Peters. 1787.

Superbe épreuve avant la lettre, marge.

23 — Olivia and Sophia with fortune teller. In-4 en couleur.

Très belle épreuve.

24 — Vénus se mirant dans l'eau, d'après Cipriani, 1779.

Superbe épreuve avant la lettre, toute marge.

25 — Jupiter and Io, d'après le Corrège.

Superbe épreuve imprimée en bistre.

26 — Paulus Æmelius. — Cléopatra and Meleagar. Deux pièces faisant pendants, d'après Angelica Kauffmann.

Très belles épreuves imprimées en senguine.

27 — Retour de chasse du Duc de Newcastle, d'après Wheatly.

Très belle épreuve.

28 — *Devonshire* (Georgina, Dutchesse of), d'après Nixon, 1783. In-8 en bistre.

Très belle épreuve.

BASSET (A Paris, chez)

29 — *Olisva* (Mademoiselle Leguet d'Esigny d'). In-4.

Très belle épreuve.

BAUDOUIN (d'après P.-A.)

30 — Le Carquois épuisé, par N. De Launay. (E. B., 11).

Superbe épreuve, marge.

31 — Le Catéchisme. — Le Confessionnal. Deux pièces faisant pendants, gravées par P. E. Moitte. (12 et 15).

Très belles épreuves, grandes marges.

32 — Le Curieux, par P. Maleuvre. (17).

Superbe épreuve, grande marge.

33 — Le Danger du tête-à-tête, par Simonet. (E. B., 18).

Superbe épreuve, marge.

34 — *Jusques dans la moindre chose*, par L. J. Masquelier. (27)

Très belle épreuve, grande marge.

35 — Le Lever. — La Toilette. Deux pièces faisant pendants, gravées par Massard et N. Ponce. (29 et 48).

Superbes épreuves avec la première adresse, celle de Mme Baudouin.

36 — Le Matin, par de Ghendt. (32).

Superbe épreuve avant toute lettre, marge.

37 — La Nuit, par de Ghendt. (35).

Très belle épreuve, marge.

38 — La Rencontre dangereuse, par Le Veau. (40).

Très belle épreuve, marge.

39 — L'Epouse indiscrète. — La Sentinelle en défaut. Deux pièces faisant pendants, gravées par N. De Launay (21 et 44).

Superbes épreuves avant les dédicaces.

BAUDOUIN (d'après P.-A.)

40 — Le Soir, par de Ghendt. (46).

Superbe épreuve avant toute lettre et avant la draperie, marge.

BEAUVARLET (J.-F.)

41 — *Du Barry* (Mme la comtesse) en costume de chasse, d'après Drouais. In-fol.

Superbe épreuve avant la lettre, grande marge.

42 — *Molière* (J.-B. Poquelin de), d'après S. Bourdon. In-fol.

Très belle épreuve.

BENOIST

43 — Allégorie avec le buste de Marie-Louise sur un piédestal, d'après Fragonard.

Belle épreuve.

BENWELL (d'après (J.-H.)

44 — Cupid désarmé, — Cupid's revengé. Deux pièces in-8 ovales en couleur, faisant pendants, gravées par C. Knight, 1786.

Très belles épreuves.

BERTAUT (d'après)

45 — Le Charlantan français, gravé par Hehman.

Superbe épreuve avant la dédicace, grande marge.

BERTHAULT (A Paris, chez)

46 — Plan du Pont de Louis XVI et de ses environs, commencé à construire au côté droit de la place Louis XV, en 1787.

BINET (d'après)

47 — La Colonnade. Promenade des filles galantes dans les galeries de bois au Palais-Royal. In-4 en largeur.

Très belle épreuve.

BOILLY (d'après L.)

48 — La Cocarde nationale, par Aug. Le Grand.
Très belle épreuve toute marge.

49 — La douce impression de l'harmonie, par F.-J. Wolff.
Superbe épreuve imprimée en couleur, marge.

50 — La douce Résistance, par Tresca.
Très belle épreuve, imprimée en couleur.

51 — Qu'elle est gentille, par Bonnefoy.
Très belle épreuve imprimée en couleur, marge.

BONNET (L.-M.)

52 — La Toilette, d'après Jollain, en couleur.
Très belle épreuve.

BONNET (A Paris, chez)

53 — L'Abbé galant, — Les Billets réciproques. Deux pièces faisant pendants. In-8.
Très belles épreuves en couleur. Rares.

BONVALET ET MAYAUD

54 — *Rosalie Thouren*, ci-devant demoiselle de comptoir du café des Mille-Colonnes, — Buste de jeune femme avec vers en bas, d'après Roy. Deux portraits in-8.
Belles épreuves.

BOREL (d'après A.)

55 — L'Innocence en danger, par F. Huot.
Très belle épreuve, grande marge.

56 — Cinq gravures in-8 pour illustrer, Tom-Jones.
Belles épreuves.

BOSIO (D.)

57 — Bal de l'Opéra, en couleur.
Très belle épreuve.

BOSIO (D.)

58 — La Bouillotte, en couleur.

Très belle épreuve.

59 — Le Cache-cache, — Les Oublies. Deux pièces faisant pendants, gravées par Schenker.

Très belles épreuves en couleur.

60 — Le Lever des ouvrières en linge, en couleur.

Très belle épreuve.

BOUCHER (d'après F.)

61 — Les Saisons, suite de quatre pièces, sujets d'amours, gravées par Cl. Duflos.

Très belles épreuves, toutes marges.

62 — Vénus aiguise ses traits, — Vénus tenant le symbole de l'amour. Deux pièces faisant pendants.

Très belles épreuves en couleur.

BOUNIEU (d'après)

63 — L'Espoir d'un heureux jour, — Les Revers de la fortune. Deux pièces en couleur faisant pendants, gravées par L. Marin Bonnet.

Très belles épreuves, sans marges.

BOVINET

64 — Salon d'une maison galante. In-8 en largeur.

Belle épreuve.

DE BRÉA

65 — *Renaut* (Mlle), l'aînée, de la Comédie italienne. In-4.

Très belle épreuve.

BRETON (A Paris, chez)

66 — *Poislet* (lady Catherine). In-8.

Belle épreuve imprimée en sanguine.

BRETT (J.)

67 — Different opinions on men and things, — Foppish insignificance, — Coquettish allurements. Deux pièces en couleur faisant pendants, publiées en 1795.

Très belles épreuves, toutes marges.

BROOKSHAW

68 — *Marie-Antoinette*, reine, de France. In-8 en manière noire.

Superbe épreuve, marge.

CARÈME (d'après)

69 — La Danse champêtre, — Les Plaisirs champêtres. Deux pièces faisant pendants, gravées en couleur par Wossinik et publiées chez Janinet.

Très belles épreuves.

CARICATURES

70 — **Cruikshank.** The Lilliputan satirists, — A luncheon at gibside, lamb chops and rump steaks, — A plain Minuet. Trois pièces en couleur.

71 — **Fores** (Published by W.). The equilibrium, — A fashionable information for ladies in the Country. Deux pièces publiées en 1788 et 1795. En couleur.

72 — Preparing for action or an English man of war engaging two dutch doggers, — Beaus and belles or a promenade scene at brighton, — Cock andhen pouters. Trois pièces en couleur.

73 — **Newton** (**R.**). Wearing the breeches, — Trying on my brother's breeches. Deux pièces en couleur publiées en 1796.

74 — **Woodward et Gilbray.** A formal introduction to an assembly, — Misiries of high life, — Tales of Wonder. Trois pièces dont deux gravées par Cruikshank et Rowlandson. En couleur.

CARINGTON-BOWLES

75 — Keep Within Compass. Prudence produceth esteem, — Industry produceth Wealth. Deux pièces en couleur faisant pendants, publiées en 1784.

Très belles épreuves.

CHALLIOU (A Paris, chez)

76 — L'Amant pressant. Pièce in-4 de forme ronde.

Très belle épreuve imprimée en bistre, toute marge.

CHAPUY

77 — Vue du Champ de Mars le 12 juillet 1789. Pièce en couleur publiée chez Basset.

Très belle épreuve. Rare.

78 — Chérubin à genoux devant la Comtesse et Suzanne. Composition in-4 de forme ronde, pour le mariage de Figaro.

Très belle épreuve imprimée en bistre. Rare.

CHAPUY ET LAVALLÉE

79 — Dix figures in-4 en couleur, d'après del Castillo, Carnizero, B. Barrenco, etc., pour une édition de Don Quichotte.

Très belles épreuves avant la lettre, toute marge.

CHARDIN (d'après J.-B.-S.)

80 — L'Aveugle, par Surugue.

Très belle épreuve, marge.

81 — La Maîtresse d'école, par Lépicié, 1740.

Très belle épreuve, marge.

82 — La Mère laborieuse, par Lépicié, 1740.

Très belle épreuve toute marge.

CHARDIN (d'après J. B. S.)

83 — Les Tours de Cartes, par P.-L. Surugue.

Très belle épreuve.

84 — Les Tours de cartes, par P.-L. Surugue.

Très belle épreuve, marge.

CHEVAUX (d'après)

85 — Les deux Sœurs. — Les deux Amies. Deux pièces faisant pendants, gravées par Motey et publiées chez Bonnet, en couleur.

Très belles épreuves remargées.

COCHIN (C.-N.)

86 — Le Tailleur pour femmes.

Très belle et rare épreuve avant toute lettre.

87 — *Marigny* (M. le marquis de). In-8.

Très belle épreuve, grande marge.

COIFFURES

88 — Coiffures diverses de deux suites différentes en couleur six feuilles contenant 19 coiffures.

Très belles épreuves. Rares.

CONDÉ (J.)

89 — *Farren* (Miss). In-8 en couleur.

Trés belle épreuve.

COSWAY (d'après R.)

90 — *Manners* (Lady), par J. Condé. In-8.

Très belle épreuve.

91 — *Wales* (George prince of), gravé par L. Sailliar. In-fol. en pied.

Très belle épreuve imprimée en bistre.

COUTELLIER (F.)

92 — *Contat* (Mlle), de la Comédie Française, dans le rôle de Suzanne, *Mariage de Figaro.* — *Olivier* (Mlle), de la Comédie Française, dans le rôle de Chérubin, *Mariage de Figaro.* Deux portraits in-4 en couleur.

Très belles épreuves, sans marges.

93 — *Jullien* (Madame). — *Michu.* Deux portraits in-4 en couleur.

Très belles épreuves du premier état, coupées en ovale et montées en dessin sur papier bleu.

94 — *Maillard* (Mlle), de l'Académie Royale de musique. In-8 en couleur.

Très belle épreuve, marge.

CROISEY (A Paris, chez)

95 — *Marie-Antoinette*, dauphine de France. In-fol.

Superbe épreuve, grande marge.

DAULLÉ (J.)

96 — Madame Favart, dans le rôle de Bastienne, d'après C. Vanloo. In-fol.

Très belle épreuve, marge.

DAVID (Mlle)

97 — A bas le Verrou.

Très belle épreuve, marge.

DEBUCOURT (P.-L.)

98 — La Rose mal défendue, 1791.

Superbe épreuve, grande marge.

99 — La Rose mal défendue, par Bonnemain.

Superbe épreuve avec toute sa marge. Rare de cette qualité.

DEBUCOURT (P.-L.)

100 — Minet aux aguets.

Très belle épreuve.

101 — Jouis, tendre mère, en couleur.

Très belle épreuve avant la lettre.

102 — La Coquette et ses filles, ou une mère à la mode, 1803, en couleur.

Très belle épreuve.

103 — Les Galans surannés ou les petits Papas à la mode, 1804, en couleur.

Très belle épreuve.

104 — Les Courses du matin ou la Porte d'un riche, 1805, en couleur.

Très belle épreuve, marge.

105 — Le Bouquet d'une maman, 1806. En couleur.

Très belle épreuve.

106 — La Manie de la danse.

Très belle épreuve en couleur.

107 — Le Café ambulant. — Le Marchand de galette, 1821. Deux pièces en couleur faisant pendants.

Très belles épreuves.

108 — Les Joueurs de boules, d'après C. Vernet, en couleur.

Très belle épreuve, marge.

109 — Retour des champs, d'après C. Vernet, en couleur.

Très belle épreuve, grande marge.

110 — La Marchande de coco, d'après C. Vernet, en couleur.

Très belle épreuve, grande marge.

DEBUCOURT (P.-L.)

111 — Le Marchand de peau de lapin, d'après C. Vernet, en couleur.

Très belle épreuve, marge.

112 — La Marchande de poissons, d'après C. Vernet, en couleur.

Très belle épreuve, marge.

113 — Le Jour de barbe d'un charbonnier, d'après C. Vernet, en couleur.

Très belle épreuve, marge.

114 — Passez-Payez, d'après C. Vernet, en couleur.

Très belle épreuve, marge.

115 — La Toilette d'un clerc de procureur, d'après C. Vernet, en couleur.

Belle épreuve.

116 — Les Anglais à Paris, d'après C. Vernet, en couleur.

Très belle épreuve, marge.

DE LORME (d'après)

117 — Narcisse, nègre de Mme la duchesse de Chartres, gravé par Mondé. In-fol.

Superbe épreuve, grande marge.

DEMARTEAU

118 — Madame Favart, dans le rôle de Bastienne, d'après Boucher. In-4 aux trois crayons.

Très belle épreuve remargée.

DEPEUILLE (A Paris, chez)

119 — Promenade du parvenu et du rentier. Pièce gravée à l'eau-forte par R. L. L. 1797.

Très belle épreuve en couleur.

DEPEUILLE (A Paris, chez)

120 — La Constitution lue au peuple français. In-fol. en largeur.

Très belle épreuve.

DESPLACES (L.)

121 — *Duclos* (Mademoiselle), d'après N. de Largillière. In-fol.

Très belle épreuve,

122 — Le même portrait.

Très belle épreuve, marge.

DICKINSON (W.)

123 — Les deux Amies lisant une lettre (1783). In-4 ovale en hauteur.

Très belle épreuve, marge,

DIVERS

124 — Titres et vignettes, d'après Marillier, Borel, Martinet, Queverdo, etc. Neuf pièces, dont plusieurs avant la lettre et une à l'état d'eau-forte.

Très belles épreuves.

125 — Gravures in-8, d'après Binet. Eisen, Moreau, Massard, Cochin, Desrais, Saint-Aubin, Marillier, etc., pour illustration de livres du dix-huitième siècle. Trente-sept pièces.

DONNMAN (d'après)

126 — *Richmond* (Her grace the dutchess of.), gravé par Burke (1788). In-fol. en couleur.

Très belle épreuve. Rare.

DREVET (Cl.)

127 — *Le Bret de La Briffe* (Marguerite-Henriette), d'après Rigaud. In-fol.

Très belle épreuve.

DUCHÉ (d'après)

128 — Chambre du cœur de Voltaire, gravé par Née.

Très rare épreuve avant toute lettre, à l'état d'eau-forte.

129 — La même estampe.

Très belle épreuve avant la lettre.

DUGOURE (d'après D.)

130 — Roxelane, par Le Beau.

Très belle épreuve.

DUPIN

131 — Provence (Marie-Jeanne-Louise de Savoye, comtesse de), d'après Drouais. In-fol.

Très belle épreuve, grande marge.

DUPLESSIS-BERTAUX

132 — Vignettes-en-tête de pages pour les petits Conteurs. Six pièces.

Très belles épreuves tirées hors texte.

DUPONCHELLE

133 — *Marie-Antoinette*, reine de France. In-fol.

Très belle épreuve, grande marge.

134 — *Leczinska* (Marie), reine de France, d'après Nattier. In-8.

Très belle épreuve.

D. V. S.

135 — *Melcour*. Joli portrait in-8 en couleur, publié chez Mondhare.

Très belle épreuve, grande marge.

ÉCOLE FRANÇAISE DU XVIIIe SIÈCLE

136 — Saltimbanques sur une place publique. En couleur.

Belle épreuve. Rare.

**

ÉCOLE ANGLAISE

137 — Portrait de femme debout près d'une fenêtre, tenant un Album d'une main et un crayon à dessiner de l'autre. In-fol.

Très belle épreuve avant toute lettre.

EISEN (d'après CH.)

138 — Les Saisons. Suite de quatre pièces gravées par De Longueil.

Superbes épreuves avant toute lettre.

ELLUIN ET MACRET

139 — *La Ruette* (Jean-Louis), comédien italien. — *Le Gros* (Joseph), de l'Académie royale de musique. Deux portraits in-4, d'après Leclerc.

Très belles épreuves.

FATOU (J.)

140 — *Cosway* (Maria), d'après elle-même. In-4 en couleur.

Très belle épreuve, grande marge.

FICQUET ET SAVART

141 — *Molière* (J.-B.-Poquelin de), d'après Coypel. — *Bossuet* (J.-B.), d'après Rigaud. Deux portraits in-8.

Belles épreuves.

FLEETWOOD (J.-B.)

142 — Miss Lady. In-4 à la sanguine.

Très belle épreuve.

FOSSÉ

143 — Dédicace à Monsieur le duc du Chatelet, avec armoiries, en couleur.

Très belle épreuve.

FRAGONARD (d'après H.)

144 — L'Armoire, gravée en réduction, par Mixelle et imprimée en bistre.

Très belle, épreuve. Rare.

145 — Le Baiser, gravé par Marchand.

Superbe épreuve, grande marge.

146 — Le Baiser à la dérobée, par N.-F. Regnault.

Superbe épreuve avant la lettre.

147 — Ma Chemise brûle, par Aug. Le Grand (1789).

Très belle épreuve en couleur.

148 — Ma Chemise brûle, par Augustin Le Grand.

Très belle épreuve imprimée en bistre.

149 — Le Chiffre d'amour, par N. de Launay.

Très belle épreuve.

150 — La Famille du Fermier, par Beauvarlet.

Très belle épreuve.

151 — La Fuite à dessein, par C. Macret et Couché (1783).

Superbe épreuve avant la lettre.

152 — Les Pétards. — Les Jets d'eau. Deux pièces faisant pendants, gravées par Auvray.

Très belles épreuves, toutes marges.

153 — S'il m'était aussi fidèle, par Dennel.

Superbe épreuve avant toute lettre.

154 — Le Verrou, par M. Blot.

Superbe épreuve avant la dédicace, grande marge.

155 — Le Villageois qui cherche son veau.

Superbe et ancienne épreuve avant toute lettre, grande marge.

FREUDEBERG (d'après S.)

156 — Le Bain, par A. Romanet.

Très belle épreuve.

157 — L'Heureuse Union, par Bosse.

Très belle épreuve avant la réduction de la p.anche.

158 — Le Lever, par A. Romanet.

Très belle épreuve avant le numéro.

159 — Les Mœurs du temps, par Ingouf l'aîné.

Très belle épreuve avant la réduction de la planche, marge.

160 — La Toilette, par Voyez l'aîné.

Très rare épreuve avant toute lettre, tablette blanche.

161 — La Visite inattendue, par Voyez l'aîné.

Très belle épreuve avant le numéro, grande marge.

GARBIZZA (d'après)

162 — Vue de la Gallerie du Palais-Royal, prise du côté de la rue des Bons-Enfants, gravé par Coqueret.

Très belle épreuve en couleur. Rare.

GAUCHER (Ch.-Ét.)

163 — *Du Barry* (Madame la Comtesse), d'après Drouais. In-8.

Belle épreuve.

164 — Marie-Antoinette, reine de France. En-tête pour les Annales de Marie-Thérèse, d'après Moreau.

Très belle épreuve, tirée hors texte.

GAUTIER

165 — Marie-Louise, impératrice, d'après Pescorskyi. In-fol. en pied, en couleur.

Très belle épreuve.

GIFFART (P.)

166 — *Maintenon* (Françoise d'Aubigné, marquise de). In-fol.

Très belle épreuve.

GILLRAY (G.)

167 — A Salle of English Beauties, in the East indies. Grande pièce en largeur publiée en 1786, by W. Holland.

Très belle épreuve en couleur. Rare.

GOYA (F.)

168 — Marguerite d'Autriche, reine d'Espagne, d'après Velasquez. In-fol. équestre.

Très belle épreuve.

169 — *Olivarès* (Don Gaspar de Guzman, comte d'), d'après Velasquez. In-fol. équestre.

Très belle épreuve.

GRAVELOT (d'après H.)

170 — Mademoiselle Clairon, couronnée par Melpomène, gravé par N. Le Mire. In-4.

Très belle épreuve, marge.

171 — Titres, fleurons et en-tête de pages pour La Jérusalem délivrée du Tasse. Trente et une pièces.

Très belles épreuves, en partie tirage hors texte.

172 — Vignettes in-8 pour illustrer les œuvres de Corneille. Neuf pièces.

Très belles épreuves de premier tirage.

GREUZE (d'après J.-B.)

173 — La Cruche cassée, par J. Massard.

Superbe apreuves avant toute lettre. Très rare.

174 — La Philosophie endormie, par Aliamet et Moreau.

Superbe épreuve, marge.

GREUZE (d'après J.-B.)

175 — Thaïs ou la Belle pénitente. — La Jeune femme pensive. Deux pièces gravées par J.-C. Levasseur et Ingouf.

Belles épreuves.

176 — Thaïs ou la Belle pénitente, par J.-C. Levasseur.

Superbe épreuve avant la dédicace, sans marge.

GUÉRIN (d'après F.)

177 — Les Plaisirs interrompus. — Qu'en pensez-vous. Deux pièces en couleur faisant pendants, gravées par Romain Girard.

Très belles épreuves.

GUTTENBERG (d'après H.)

178 — La Bacchante, d'après Mlle Le Sueur.

Très belle épreuve avant la lettre, marge.

HAID

179 — *Lisorez* (Cœcilia de). In-fol. en manière noire.

Très belle épreuve.

HARRIET (d'après F.-J.)

180 — Le Thé parisien, suprême bon ton au commencement du dix-neuvième siècle, gravé par Godefroy.

Très belle épreuve en couleur, marge.

HOLLOWAY (C.)

181 — Le Coucher, d'après Vanloo. In-8 en couleur.

Très belle épreuve, marge.

HOPPNER (d'après)

182 — *Duncombe* (Lady Charlotte). — *Langram* (Lady). Deux pièces in-8, gravées par Cooper.

Très belles épreuves.

HOPPNER (d'après)

183 — *Mulgrave* (The reght Honble Lady), gravé par G. Clint. In-fol.

Superbe épreuve, grande marge.

HUBER

184 — Trente-cinq physionomies différentes de Voltaire, sur une même feuille. In-fol.

Très belle épreuve.

HUBER (J.-J.)

185 — *Oligny* (Mademoiselle d'), d'après Vanloo. In-fol.

Très belle épreuve, marge.

HUET (d'après J.-B.)

186 — L'Amant écouté. — L'Eventail cassé. Deux pièces faisant pendants, gravées par Bonnet, en couleur.

Superbes épreuves.

187 — Bergères se baignant. — La Bergère caressée. Deux pièces faisant pendants, gravées en couleur par Demarteau (616-617).

Très belles épreuves.

188 — Etude pour les demoiselles. Deux pièces gravées à la sanguine, par Jubier.

Très belles épreuves.

189 — L'Heureux jour de la France. Louis XVI couronné à Reims, le 11 juin 1775. Allégorie au milieu de laquelle sont représentés Louis XVI et Marie-Antoinette sur un char traîné par un lion et un mouton, gravé en couleur, par Briceau.

Très belle épreuve.

190 — Le Serpent sous les fleurs, par Godefroy.

Très belle épreuve.

HUET ET BAUDOUIN (d'après)

191 — Le Déjeûné. — Le Goûter. — Le Dîner. — Le Souper. — Suite de quatre pièces gravées en couleur, par Bonnet.

Seperbes épreuves. Rares.

HUET ET CARÊME (d'après)

192 — La Troupe ambulante des rues de Paris. — Le Marchand d'Orviétan de campagne. Deux pièces faisant pendants, gravées sous la direction de Bonnet.

Très belles épreuves.

IMBERT (d'après)

193 — Le Bilboquet, gravé par Mlle Papavoine, en couleur.

Très belle épreuve. Rare.

JACKSON (d'après)

194 — *Ellis* (The Honble Mrs Agar), par S. W. Reynolds. In-fol.

Superbe épreuve avant toute lettre, grande marge.

JANET (A Paris, chez)

195 — Calendrier pour l'année 1812, avec vues de Paris dans le haut de chaque mois, en couleur.

JANINET (F.)

196 — Bacchus préside à la fête, d'après Carême, en couleur.

Belle épreuve.

197 — Tarquin et Lucrèce. — Joseph et Zalucca. Deux pièces en couleur faisant pendants.

Superbes épreuves avant toute lettre.

198 — Tarquin et Lucrèce, d'après Eisen, en couleur.

Très belle épreuve, marge.

JANINET (F.)

199 — *Crillon* (Louis de Berton, dit le brave), d'après Le Barbier. In-fol. en couleur.

Très belle épreuve, marge.

200 — *Dugazon* (Mme), rôle de Babet, dans Blaise et Babet. In-8 en couleur.

Très belle épreuve, grande marge.

201 — *Lomenie de Brienne* (Et.-Ch.), d'après P. Cossard. In-4 en couleur.

Très belle épreuve, grande marge.

JANINET (d'après)

202 — *Duthé* (Mademoiselle). Réduction in-4 en couleur.

JAZET

203 — La promenade du Jardin Turc, d'après J.-J. de B, en couleur.

Très belle épreuve. Rare.

JOSI (C.)

204 — Le Sommeil. — La Lecture. Deux pièces faisant pendants.

Belles épreuves imprimées en bistre, sans marge.

JUBIER

205 — L'heureux Berger, d'après Barbier, en couleur.

Très belle épreuve, marge.

KAUFFMAN (d'après Angelica)

206 — Le Jugement de Paris, gravé par W. Ryland (1778).

Très belle épreuve, imprimée en sanguine.

LANCRET (d'après N.)

207 — Mademoiselle Camargo, par L. Cars.
Superbe épreuve. Rare.

208 — Conversation galante, par J.-Ph. Le Bas.
Très belle épreuve.

209 — Grandval, par J.-Ph. Le Bas.
Très belle épreuve.

210 — Le Glorieux, par N. Dupuis.
Très belle épreuve, marge.

211 — Le Théâtre Italien, par G.-F. Schmidt.
Très belle épreuve, marge.

LANGLOIS

212 — *Joly* (Marie-Élizabeth), du Théâtre Français. In-4.
Très belle épreuve, grande marge.

LAVREINCE (d'après N.)

213 — La Balançoire mystérieuse, par Vidal.
Très belle épreuve, marge.

214 — La Marchande à la toilette, par Vidal (37).
Très belle épreuve.

215 — Nina, par Colinet (41).
Très belle épreuve, imprimée en bistre.

216 — Les Nymphes scrupuleuses, par Vidal (42).
Très belle épreuve, grande marge.

217 — Les Offres séduisantes, par J.-L. Delignon (43).
Très belle épreuve, avec marge.

218 — Pauvre minet, que ne suis-je à ta place, par Janinet (147).
Très rare épreuve d'essai avant toute lettre, grande marge.

LAVREINCE (d'après N.)

219 — Qu'en dit l'Abbé ? par N. de Launay (51).

Très belle épreuve.

220 — Le Restaurant, par Deni (E.-B., 53).

Superbe épreuve, toute marge.

221 — Les petits Favoris. Pièce appelée par M. Bocher : Le joli Chien, gravé par Chapuy (App. 4).

Très belle épreuve avec le second petit chien, en couleur. Rare.

222 — Le Séducteur (E.-B., 7, des pièces attribuées).

Très rare épreuve à l'état d'eau-forte.

LAURENCE (d'après Sir Th.)

223 — Miss *Croker*, gravé par Samuel Cousins (1828). In-fol.

Très belle épreuve, grande marge.

224 — *Macdonald* (Miss), gravé par Samuel Cousins. In-fol.

Très belle épreuve, grande marge.

225 — *Wolff* Mrs, gravé par Samuel Cousins. In-fol.

Très belle épreuve.

226 — Portrait de femme vue à mi-corps, gravé par Doo. In-fol.

Très belle épreuve avant la lettre sur chine.

227 — Jeune enfant debout au bord d'un ruisseau, gravé par C. Turner.

Très belle épreuve avant la lettre.

228 — Nature, gravé par G. T. Doo.

Très belle épreuve.

LE BEAU

229 — *Du Barry* (Mme la comtesse), d'après Marillier. In-8.

Très belle épreuve, marge.

LE BEAU

230 — *Dugazon* (Madame), de la Comédie Italienne. In-8.

Très belle épreuve avant le numéro, toute marge.

231 — *Dutey* (Mlle), d'après l'Aîné. In-8.

Très belle épreuve avant le numéro, marge.

232 — Marie-Antoinette. — Louis XVI. Deux portraits in-12, faisant pendants.

Belles épreuves.

LEBRUN (d'après Mme)

233 — Marie-Antoinette, reine de France, gravé par C. Macret (1789). In-4.

Très belle épreuve.

LE CANU

234 — Almanach de la Paix. Encadrement avec trophée en haut et portraits des principaux Souverains de l'Europe. Sans calendrier.

Très belle épreuve. Rare.

LE CŒUR (d'après)

235 — Fête du sacre et couronnement de leurs Majestées Impériales. Vue de la Place de la Concorde, gravé par Marchand.

Très belle épreuve en couleur.

LE GENDRE (d'après)

236 — La jeune Sultane, par Chevillet.

Très belle épreuve.

LELY (d'après P.)

237 — *Middleton* (Lady). In-fol. en manière noire.

Très belle épreuve.

LEMPEREUR (L.

238 — *Lecomte* (Marguerite), d'après C.-H. Watelet. In-4.

Très belle épreuve, grande marge.

LE PEINTRE (d'après C.)

239 — La Cage symbolique, par Fessard.

Superbe et rare épreuve avant toute lettre, avec le fleuron. La tablette est blanche et indiquée par un simple filet. Dans cet état, le chat est vu de face. Grande marge.

LIGNON (F.)

240 — *Mars* (Mlle), d'après F. Gérard. In-fol.

Très belle épreuve.

LIOTARD (J.-E.)

241 — Une Dame franque de Pera à Constantinople, recevant visite.

Très belle épreuve.

MARCHAND

242 — Scène de tragédie. In-4.

Belle épreuve avant toute lettre, imprimée en bistre.

MARILLIER (d'après)

243 — Les Désirs réciproques, par Mme Chevery.

Très belle épreuve remargée.

MASQUELIER

244 — *Sully* et *Piccini*, représentés en buste en regard sur une même planche.

Très belle épreuve avant la lettre.

245 — La même estampe.

Très rare épreuve à l'état d'eau-forte, grande marge.

MASSARD (Louise)

246 — Réception de Louis XVI, par Henri IV, d'après Latinville. In-fol.

Très belle épreuve.

MILLER (d'après W.)

247 — Animal affection. — Innocent récréation. Deux pièces en couleur faisant pendants, gravées par Godby (1799).

Très belles épreuves, marges.

MONGIN (d'après)

248 — Ah! Ah! je vous y prends, gravé par Beljambe.

Très belle épreuve imprimée en bistre.

MONSALDY

249 — *Marie-Louise*, impératrice, d'après Isabey. In-4 en couleur.

Très belle épreuve, marge.

MONNET (d'après C.)

250 — Les Baigneuses surprises, par Vidal.

Superbe épreuve avant la lettre, découverte, marge.

251 — Jupiter et Io, par Vidal.

Très belle épreuve.

252 — Un Frontispice et six figures pour Lucrèce : De la Nature des choses, traduit par La Grange.

Très belles épreuves avant la lettre, toutes marges.

MOREAU (J.-M.)

253 — Ah! madame, vous la voyez, d'après Greuze. In-8.

Belle épreuve.

254 — Titre pour : Les Grâces. Paris, 1769. In-8.

Très belle épreuve, grande marge.

MOREAU (J.-M.)

255 — L'Ombre d'Eglé, gravure in-8, pour les chansons de La Borde.

Superbe épreuve avant la lettre.

256 — Le Berger fidèle. Copie de l'estampe de Moreau des chansons de La Borde, gravée par Copia, avec bordure et tablette en bas.

Très belle épreuve avant la lettre. Rare.

257 — Petite vue de la cathédrale d'Orléans, d'après Drouard. In-8.

Très belle épreuve.

MOREAU (d'après J.-M.)

258 — *Louis XV.* Répertoire de Fontainebleau, gravé par N. Ponce (1770), avec la liste des spectacles.

Superbe épreuve. Rare.

259 — *Louis XV.* Répertoire de Fontainebleau, gravé par Ponce (1770).

Très belle épreuve avant l'inscription du programme des spectacles.

260 — *Louis XVI.* Répertoire de Fontainebleau, avec la liste des spectacles pour octobre et novembre 1775, gravé par L. Lempereur.

Très belle épreuve. Rare.

261 — Marie-Antoinette secourant les pauvres, gravé par A.-G. Duclos. In-8.

Belle épreuve.

262 — Le Gâteau des rois, gravé par Le Mire.

Très belle épreuve.

263 — L'Accord parfait, par Helman (1777).

Très belle épreuve avec les lettres A. P. D. R.

MOREAU (d'après J.-M.)

264 — Les Petits parrains, par C. Baquoy.

Superbe épreuve avant la lettre, marge.

265 — Le Souper fin, par Helman.

Très belle épreuve.

266 — Les Précautions. — N'ayez pas peur ma bonne amie. — La Dame du palais de la reine. — Les Adieux. — Quatre pièces gravées en réduction. In-8.

Très belles épreuves.

267 — Vingt et une gravures in-4, par divers graveurs pour illustrer les œuvres de Rousseau.

Très belles épreuves en partie à toutes marges. Trois sont avant les numéros.

268 — Onze gravures in-4, par divers graveurs pour illustrer la Henriade de Voltaire.

Très belles épreuves à toutes marges. Deux sont avant la lettre.

MORLAND (d'après G.)

269 — A Party Angling. — The Anglers Repast. Deux pièces en couleur, faisant pendants, gravées par W. Ward (1789).

Superbes épreuves. Rares.

269 *bis* — A Tea Garden. — Saint-James's Park. Deux pièces en couleur, faisant pendants, gravées par F. D. Soiron.

Superbes épreuves, dont une avec grande marge et une remmargée.

270 — The first pledge of Love, gravé par W. Ward (1788).

Très belle épreuve en couleur, marge.

271 — Inside of a Country Alehouse, gravé par W. Ward (1797), en couleur.

Très belle épreuve.

MORLAND (d'après G.)

272. — The fass of Livingstone. — How Sweet's the Love that meets return. Deux pièces ovales en largeur faisant pendants, gravées par Gaugain (1785).

Très belles épreuves. Rares.

273 — The happy family, gravé par Dean (1787).

Très belle épreuve en couleur, marge.

274 — Domestic Happiness. Jolie pièce en couleur, gravée par Ward (1787).

Très belle épreuve. Rare.

275 — Valentine's Day, gravé par J. Dean (1787).

Très belle épreuve en couleur.

276 — Youth diverting age, gravé par J. Grozer (1789).

Superbe épreuve.

277 — Variety. — Constancy. Deux pièces gravées par Bartoloti, en couleur.

Très belles épreuves, marges.

278 — The fair nun Unmask'd. — The Beauty Unmask'd. Deux pièces faisant pendants, gravées par J. Watson. In-fol.

Très belles épreuves, toutes marges.

NAUDET

279 — Le Pavillon de la paix dans le jardin du Tribunat, ou les Adieux des Anglais à Paris.

Très belle épreuve. Rare.

280 — Le Sultan parisien, ou l'Embarras du choix.

Très belle épreuve en couleur.

NÉNOT (d'après)

281 — Première feuille du quatrième recueil de coiffures nouvelles, composées par le Sr Nénot, coiffeur de dames. Douze petits bustes sur une même feuille, probablement gravés par Debucourt.

Superbe épreuve avec marge. Rare.

NEVIANCE (Victoire)

282 — *Marie-Antoinette* et titre de : Etrennes des Saisons. A Paris, chez Desnos. In-12. Deux pièces.

Très belles épreuves.

NORTHCOTE (d'après J.)

283 — Petite fruitière anglaise. — Petite laitière anglaise. Deux pièces faisant pendants, gravées par Gaugain, 1785.

Très belles épreuves.

OUDRY (d'après J.-B.)

284 — Frontispice des fables de Lafontaine, gravé par Cochin et Dupuis.

Belle épreuve. marge.

OWEN (d'après W.)

285 — The Road Side, gravé par W. Say.

Superbe épreuve imprimée en couleur. Rare.

PALLIÈRE (J.)

286 — *Cretu* (Mme), actrice du spectacle de Bordeaux. In-4.

Très belle épreuve, marge.

POLLARD (Published By. R.)

287 — Kew Gardens. Jolie pièce gravée à la manière noire et publiée en 1785.

Très belle épreuve. Rare.

PRUD'HON (d'après P.-P.)

288 — Le premier baiser de l'amour, par Copia.

Très belle épreuve.

289 — Le Coup de Patte du chat, par Prud'hon fils, en couleur.

Belle épreuve.

PUJOS (d'après)

290 — *Beaumesnil* (Henriette-Adélaïde), de l'Académie royale de musique, gravé par Vidal. In-fol.

Très belle épreuve.

QUEVERDO (d'après F.-M.)

291 — Nouvelle du bien-aimé, par Romanet.

Superbe épreuve avant la dédicace.

292 — Le Sommeil interrompu, par Dambrun.

Superbe épreuve avant la dédicace.

293 — Suite de douze vignettes in-18, relatives à la naissance du Dauphin fils de Louis XVI et Marie-Antoinette, pour un almanach de poche, imprimées sur une même feuille.

Superbes épreuves, marges.

RAMBERG (d'après H.)

294 — The Exhibition of the Royal-Academy, 1787, gravé par P. A. Martini.

Très belle épreuve.

RAMSAY (d'après A.)

295 — *Lennox* (Lady George), par J. M. Ardell. In-fol.

Très belle épreuve, marge.

REINHOLD (H.)

296 — Un bal à la cour vers 1810, d'après B. L. A. In-fol. en largeur.

Très rare épreuve avant la lettre, non entièrement terminée.

REYNOLDS (d'après Sir J.)

297 — *Bingham* (The Honourable Miss), gravé par Augustin Le Grand et Bartolozzi. In-4 en couleur.

Très belle épreuve.

REYNOLDS (d'après Sir J.)

298 — *Kingsley* (William), par R. Houston. In-fol.

Très belle épreuve.

299 — *Manners* (Lady Catherine), gravé par T. Gaugain. In-4

Très belle épreuve.

300 — *Spencer* (Georgina Lady Viscountess), gravé par Th. Watson, 1772. In-fol.

Très belle épreuve.

301 — Jeune femme assise lisant, gravé par Scorodoumow, 1775.

Très belle épreuve avant la lettre.

302 — Jeune fille assise dans un paysage, à son côté, un grand panier en osier. In-4 en couleur.

Très belle épreuve, remargée.

303 — Portrait d'une jeune femme, représentée debout, vue jusqu'aux genoux, gravé par J.-M. Ardell. In-fol.

Très belle épreuve.

304 — Contemplation, gravé par Caroline Watson, 1790.

Très belle épreuve.

305 — A Lady and child, gravé par J. Crozer, 1787.

Très belle épreuve en couleur.

306 — The Schindlerin. Pièce in-fol. en manière noire gravée par J. R. Smith. 1777.

Superbe épreuve, toute marge.

307 — A Snake in the Grass. Gravé par J. R. Smith, 1787.

Très belle épreuve.

308 — Sylvia, gravé par J. Jones. 1791.

Très belle épreuve.

ROWLANDSON

309 — The School for scandal. Grande pièce en forme de frise, publiée en 1788.

Très belle épreuve en couleur, toute marge.

310 — A trip to gretna green. 1811. En couleur.

RULMANN

311 — *Dugazon* (Mme), de l'Opéra-Comique, lithographie in-4.

Belle épreuve.

RUOTTE

312 — *Marie-Antoinette*, reine de France, d'après Césarine F. In-4 en couleur.

Très belle épreuve.

SAINT-AUBIN (Aug. de)

313 — *Caffiery* (J.-J.), d'après Cochin. In-8.

Belle épreuve, marge.

314 — *Cassanea de Mondonville* (Jean-Joseph), d'après Cochin. In-8.

Très belle épreuve, marge.

315 — Madame fille du Roi, d'après Sauvage. In-8.

Superbe épreuve avant toute lettre, marge.

316 — *Molé* (François René), d'après Aubry. In-4.

Très belle épreuve, marge.

317 — Portrait de la baronne de Rebecque sur son lit de mort. (232).

Très belle épreuve.

SAINT-AUBIN (d'après Aug. de)

318 — Le Bal paré. — Le Concert. Deux pièces faisant pendants, gravées par A. J. Duclos (402-403).

Très belles épreuves.

SAINT-AUBIN (d'après, AUG. DE)

319 — The first come best served. (Le premier arrivé est le mieux servi), gravé par Sergent. (404).

Très belle épreuve. imprimée en bistre. Rare.

SAINT-JEAN (J.-D. DE)

320 — Femme de qualité déshabillée pour le bain.

Très belle épreuve.

SCHALLE (d'après F.)

321 — The officious Waiting Woman, par Chaponnier.

Très belle épreuve.

322 — La même estampe, en couleur.

Très belle épreuve.

SCHENKER

323 — Fanchon la vielleuse, d'après De la Place.

Très belle épreuve.

SCHIAVONETTI

324 — *Wales* (Caroline, Princess of), d'après Pelham. In-4.

Très belle épreuve.

SERGENT

325 — *Hauy* (Valentin), d'après Mme Favart. In-4 en couleur.

Très belle épreuve.

326 — *Necker*, d'après Duplessis. In-4 en couleur.

Très belle épreuve.

SERGENT (d'après)

327 — Les quatre éléments et la vue d'un parc. Cinq petits médaillons en couleur sur une même planche, gravés par Guyot.

Superbe épreuve. Très rare.

SERGENT (d'après)

328 — *Turenne* (Henry de la Tour d'Auvergne, vicomte de). In-4 en couleur.

Belle épreuve, marge.

SHELLEY (d'après S.)

329 — Livinia and her Mother, gravé par T. Ryder. 1784.

Très belle épreuve, marge.

SMITH (J.-R.)

330 — Rural amusement. — Rustic Employment. Deux pièces ovales en hauteur, faisant pendants, d'après G. Morland, en couleur.

Très belles épreuves. Rares.

331 — Jeune femme assise dans un salon, d'après Morland, oval en hauteur.

Très belle épreuve en couleur.

332 — A Vidow.

Très belle épreuve en couleur.

333 — *Thompson* (Benjamin). In-fol. en couleur.

Très belle épreuve.

334 — Wood-Nymph, d'après Woodford. 1787.

Suberbe et ancienne épreuve imprimée en bistre.

SMITH (d'après J.-R.)

335 — Cecilia, gravé par de Montigny. In-fol. en couleur.

Très belle épreuve, grande marge.

336 — The Moralist, par W. Nutter. 1787. En couleur.

Très belle épreuve, toute marge.

337 — A. Wife, gravé par Levilly.

Très belle épreuve, toute marge.

SURUGUE (L.)

338 — Madame de *** en habit de bal (Madame de Mouchy), d'après Ch. Coypel. In 8.

Superbe épreuve, marge.

TANCHE (d'après N.)

339 — Le Danger des bosquets, par Le Beau.

Superbe épreuve, grande marge.

TOMKINS (J.-W.)

340 — Rural employment, d'après J. Russel. 1790.

Très belle épreuve en couleur.

TOUZÉ (d'après)

341 — Les Amusements dangereux, par Voyez le jeune.

Très belle épreuve.

TURNER (Ch.)

342 — *Angoulême* (Marie-Thérèse Charlotte de France, duchesse d'), d'après Huet-Villiers. In-fol.

Très belle épreuve.

343 — Mirth, d'après J.-B. Gruize. 1837. En couleur.

Très belle épreuve, marge.

VALCK (G.)

344 — *Mazarin* (Ortance Manchini, duchesse de), d'après P. Lely. In-fol.

Très belle épreuve.

VIGNETTES

345 — **Anonyme.** Gravures in-8 au trait pour les œuvres de Beaumarchais. Douze pièces avant la lettre.

Très belles épreuves, toutes marges.

VILLAIN (Lithogr. de F.)

346 — Exposition des produits de l'Industrie française au Louvre. An 1819, salle d'Henri IV.

Très belle epreuve.

WATTEAU (d'après Ant.)

347 — L'Amour au théâtre italien, par C. N. Cochin.

Très belle épreuve.

348 — L'Amour au Théâtre Français, — L'Amour au Théâtre Italien. Deux pièces faisant pendants, gravées par C. N. Cochin.

Très belles épreuves, marges.

349 — Le Bain rustique, par Ant. Cardon.

Très belle épreuve, marge.

350 — Les Champs-Élisées, par N. Tardieu.

Très belle épreuve, marge.

351 — La Colation, par J. Moyreau.

Très belle épreuve.

352 — Comédiens français, — Comédiens italiens. Deux pièces faisant pendants, gravées par Liotard et Baron.

Très belles épreuves, marges.

353 — Quoi ! pas même la main ! par Fessard.

Belle épreuve.

354 — *Rebel* (J.-B.), compositeur de la chambre du roy, gravé par Moyreau.

Très belle épreuve, toute marge.

WARD (W.)

355 — *Saint-George* (M. de), d'après N. Brown. 1788. In-fol. en coulenr.

Très belle épreuve.

WATSON (J.)

356 — Lucinda, d'après P. Falconet. 1767. In-fol.

Très belle épreuve.

WHEATLY (d'après)

357 — Interest, gravé par Picot. 1788.

Très belle épreuve en couleur.

358 — Cries of London Plate 2, Milk below Maids, gravé par L. Schiavonetti, en couleur.

Superbe épreuve, toute marge.

359 — Marchande de fleurs. Un des cris de Londres, gravé par Schiavonetti.

Belle épreuve en couleur.

WHITE (C.)

360 — Deux jeunes femmes jouant avec des pigeons, d'après Miss F. Bennett. 1785. In-4 en couleur avec vers anglais en bas.

Très belle épreuve.

PARIS
IMPRIMERIE D. DUMOULIN ET Cie
5, Rue des Grands-Augustins, 5.

PARIS
IMPRIMERIE D. DUMOULIN ET Cie
5, RUE DES GRANDS-AUGUSTINS, 5